孩子也能懂的前沿科技

超燃新科技

大视野科普
易乐文 ｜ 著绘

自动驾驶

CNS
PUBLISHING & MEDIA
中南出版传媒

湖南少年儿童出版社 · 长沙
HUNAN JUVENILE & CHILDREN'S PUBLISHING HOUSE

U0754895

搞定一关又一关，迈向更高阶！

我是和大家一样朝气蓬勃的新时代少年！

我是带领你们迈向更高阶的神秘存在！

第一关

自动驾驶汽车是谁制造的？怎么制造的？

现在

我们将了解制造自动驾驶汽车的核心技术，当前自动驾驶汽车的发展水平，以及在这个行业中领先的企业。

第二关

无人机、无人机出租车、空中出租车、电动垂直起降飞行器、城市空中交通，还有 LVCC Loop，这些是什么？

探讨自动驾驶技术与城市空中交通发展的关系，了解空中汽车实现商业化的条件。思考如果自动驾驶汽车完全在地下隧道中行驶，城市会发生什么样的变化。

结合

"更高阶"是什么意思？
这意味着"不可比拟的，更好、更先进的……"
换句话说，就是更高的一个层次！
与书中的"我"一起，完成基础关，
迈向自动驾驶领域的更高阶吧！

第四关

第三关

自动驾驶汽车必将成为主流的原因是什么？当它成为主流时，我们的生活将会如何改变？

自动驾驶汽车发展缓慢的原因是什么？在自动驾驶汽车实现商业化之前，是否有需要在社会上达成共识的问题？

为了实现自动驾驶汽车的商业化，除了技术之外，还需要做好法律和制度上的准备。意识到这一点，并且思考如何以正确的视角看待新技术。

困境

思考尽管完全实现自动驾驶会面临技术和社会的限制，但自动驾驶汽车注定会成为未来的主流交通工具的原因。同时想象一下，当它成为主流交通工具时，我们的生活将会发生怎样的变化。

未来

目 录

想象中的汽车就在眼前！

20 世纪 80 年代，美国电视剧《霹雳游侠》中出现的智能汽车"基特"能够与人对话，还具备自动驾驶功能，深受成人和儿童观众的喜爱。30 多年后，韩国推出了城市自动驾驶汽车"SNUver"，将电视剧中的幻想汽车变成了现实。

近年来，自动驾驶技术的发展速度越来越快。市场上已经出现了应用部分自动驾驶技术的汽车，并且在一些限制区域内，还进行着完全自动驾驶汽车的试运营。然而，最近这项技术的发展速度有所放缓。这是因为自动驾驶在技术层面仍未能超越人类的驾驶能力，同时社会认知和法律责任等问题也尚未得到解决。

那么，究竟什么时候我们才能放心地乘坐配备完全自动驾驶技术的汽车呢？

本书正是为了寻找这个问题的答案而撰写的。在自动驾驶技术诞生之前很久，汽车的历史就已经开始书写了。我们将先回顾汽车的历史，然后了解自动驾驶技术在空中和地下的应用。接着，我们将探讨为什么自动驾驶技术的研发如此困难，以及预想这些问题得到解决并进入完全自动驾驶时代后，世界将会发生怎样的变化。

自动驾驶技术与人类生命息息相关，并且对社会的影响极大，因此需要能够安全应对事故可能性的完善的技术。为了实现这一点，自动驾驶技术广泛应用了人工智能、大数据、半导体、通信等多种相关技术。

希望通过这本书，读者能够理解自动驾驶技术的基本原理，并思考当完全自动驾驶汽车普及后，我们的生活将会如何改变。此外，也希望这本书能帮助大家以创新和挑战的态度，规划和准备自己的未来。

汽车的英文是 automobile，意思是"能够自己移动的车子"。

可是我们现在开的车真的算是"汽车"吗？

它并不是自己移动的，而是需要人来驾驶才能动起来。

这么一想，真正称得上"汽车"的，应该是自动驾驶汽车。

那么，自动驾驶汽车是如何实现自行移动的呢？

它目前的发展到了什么阶段？

这些发展又会对汽车产业产生怎样的影响呢？

让我们从这里开始探讨吧。

真正的汽车出现了!

真正的汽车！

开始定居生活后，人们需要"运输"所需的东西。

因此，为了移动和运输，人们开始利用动物，
并制作了各种工具。

于是，人们开始研究如何更方便、更快速地移动。其中一个代表人物就是列奥纳多·达·芬奇。

原来达·芬奇不仅仅是一个画家！

在装置内部装上发条，利用发条松开时的力量来推动齿轮。

1769 年，法国工程师尼古拉-约瑟夫·居纽制造了一辆由蒸汽机驱动的三轮汽车。

太笨重了，连方向都改变不了，这是打算用在什么地方……

别忘了每 15 分钟给锅炉加水！

然后，在100多年后的1885年，德国的卡尔·弗里特立奇·本茨发明了一种革命性的交通工具。

这个跑得和马一样快，但它不像马一样会累。

哇，汽车终于出现了！

没错，汽车被发明出来了！从那以后，汽车取得了巨大的发展。

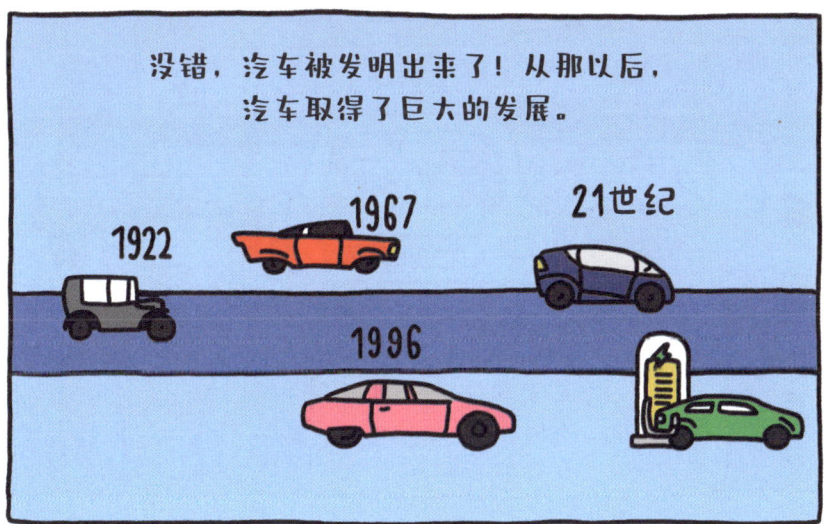

1922

1967

21世纪

1996

那么要达到什么程度才能称为自动驾驶汽车呢？

看起来可能没什么不同，但是这种车没有驾驶员。因为它是
自动驾驶出租车！

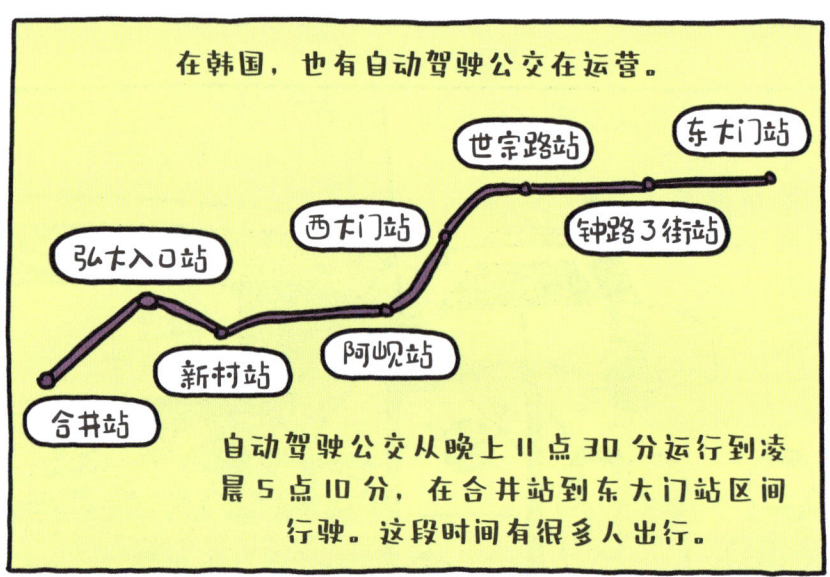

在韩国，也有自动智驶公交在运营。

自动智驶公交从晚上11点30分运行到凌晨5点10分，在合井站到东大门站区间行驶。这段时间有很多人出行。

为了安全起见，每辆自动智驶公交上有两名特别的安全员。

一位是智驶员，一位是检查系统的工程师，他们负责应对紧急情况。

让汽车自动行驶的技术

自动驾驶汽车是如何行驶的呢？

在回答这个问题之前，我们先来思考一下我们自己是如何行动的吧。

我们在行动之前，首先需要感知外部世界。

比如，我们现在的位置在哪里，眼前的障碍物是什么，到达目的地需要经过哪些地方，等等。

这些问题通过我们的感觉器官传递到大脑，然后大脑制订出行动的方案，并通过运动器官执行指令，使我们能够行动。

自动驾驶汽车的行驶原理也是一样的，只是它使用的"器官"与人类的不同。

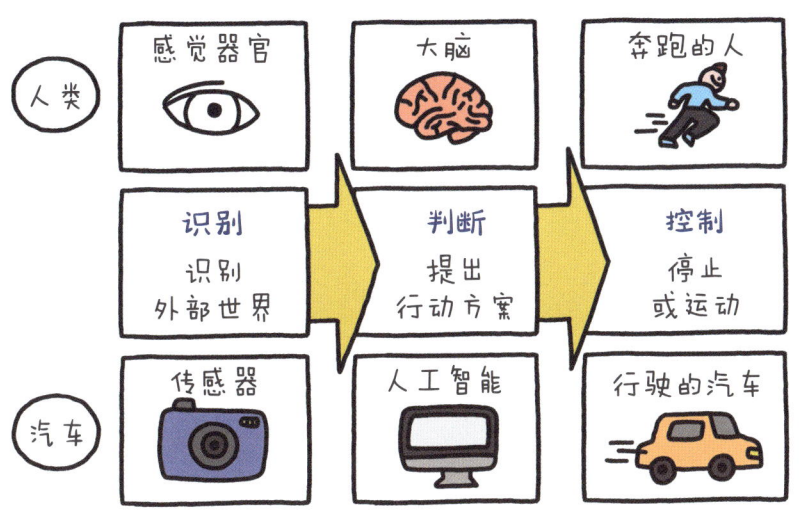

　　首先，我们来了解一下帮助自动驾驶汽车感知外部世界的传感器吧。

　　传感器可以说是汽车的"眼睛"。在人类的发明中，最接近我们眼睛的东西是什么呢？

　　那就是摄像头！

　　自动驾驶汽车上安装了多个摄像头。

摄像头可以识别车道、信号灯、行人，以及周围的车辆和障碍物，还能分辨颜色。

但它也有局限性，比如无法看清太远的地方，在黑夜、雨雪天、雾霾天，以及阳光突然反射或阴影遮挡时，摄像头的表现就会受到影响。

这些局限性其实和我们的眼睛非常相似。

为了克服这些局限性，自动驾驶汽车安装了不同于摄像头的感知设备，即雷达和激光雷达。

雷达是一种利用电磁波探测物体位置和速度的传感器。

它向物体发射电磁波，再根据电磁波返回的时间计算出物体的位置和方向，并且还能通过重复这个过程测出物体的速度。

与摄像头不同的是，雷达不受天气条件的限制，可以在各种气象条件下正常工作。

激光雷达是一种利用激光来感知周围物体形状、位置和距离的传感器。

它向物体发射激光，激光反射后返回，再通过反射的光计算出物体的形状、位置和距离。

反复进行这个过程，就能将周围的环境以 3D 的形式呈现出来。

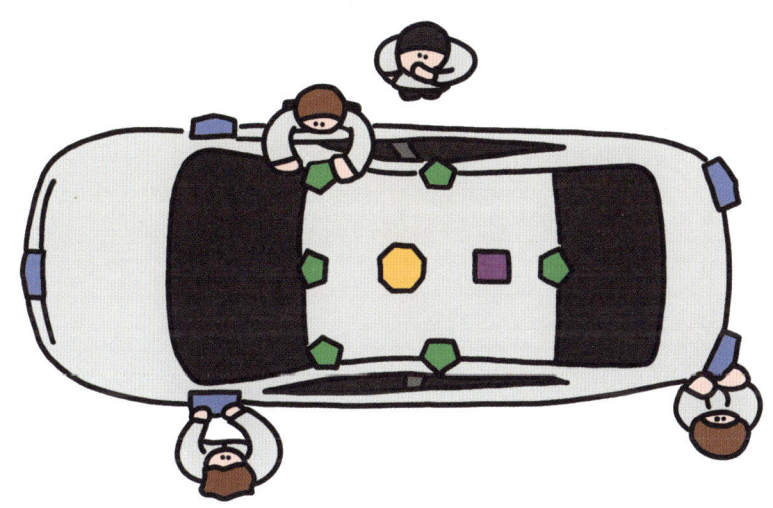

自动驾驶汽车上的摄像头、雷达和激光雷达等传感器的安装示例

传感器的位置和安装方式会影响其效果，因此制造自动驾驶汽车的公司都在研究最佳的传感器安装位置。

然而，雷达和激光雷达也有局限性。

首先，这两种传感器都无法区分颜色。

此外，雷达在检测非金属物体时反射效果较差，而激光雷达则像摄像头一样，容易受到天气状况的影响。

因此，大多数制造自动驾驶汽车的公司会同时使用摄像头、雷达和激光雷达，并且还会安装超声波传感器。

比如我们倒车时，如果周围有物体，倒车雷达会发出警报声，这就是一种典型的超声波传感器。

自动驾驶汽车各类传感器的功能区分　　○ 良好 △ 有局限性 × 不佳

功能区分	摄像头	雷达	激光雷达	超声波传感器
物体识别	△	○	○	○
物体区分	○	×	△	×
距离测定	△	○	○	○
物体边界识别	○	×	○	○
车道追踪	○	×	×	×
恶劣天气运行	×	○	△	○
光线不足时运行	△	○	○	○
生产成本	○	○	×	○
量产性	○	○	×	○

© McKinsey, Kiwoom Securities Research

全球导航卫星系统（Global Navigation Satellite System，GNSS）也是不可或缺的。

GNSS 是基于人造地球卫星的全球导航定位系统，可以准确告诉我们自己在地球上的位置。

自动驾驶汽车也需要导航系统。如果汽车不知道自己在哪里，怎么知道去目的地的路线呢？

传感器采集外部世界的信息，然后传输到自动驾驶汽车的计算机上的人工智能系统中。

在人工智能系统中，高精地图、气象变化等自动驾驶所需的信息会不断地更新。

© 现代AutoEver

高精地图

仅靠车上安装的传感器，自动驾驶汽车无法完美地判断周围的情况。因此，还需要包含道路信息、周边地形、交叉口的曲率、信号灯和标志等信息的地图，并且这些地图与实际道路的误差在 20 厘米以内。这样的地图被称为高精地图。

人工智能系统会综合分析已有的信息和通过传感器获取的新信息，来判断并控制自动驾驶汽车的运动状态。

它决定汽车是前进还是停止，是减速还是加速，然后向方向盘、车轮等部件发出指令。

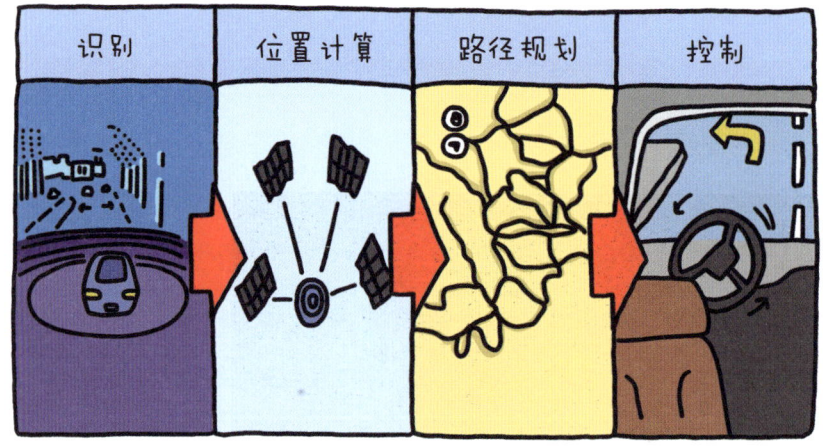

自动驾驶汽车，发展到哪一步了？

在网上找找有关自动驾驶汽车的视频吧。

有些自动驾驶汽车在高速公路上飞驰，有些自动驾驶汽车能娴熟地变更车道，看起来真的很厉害。

但它们离真正的自动驾驶汽车，即没有驾驶员、自行判断和控制行驶的汽车，还差十万八千里呢！

自动驾驶汽车在十字路口突然停下、无法正确识别救护车而堵住道路的情况时有发生，甚至有自动驾驶汽车因为无法识别突然出现的行人而引发事故。

虽然可能会让你感到失望，但目前还没有完全意义上的自动驾驶汽车！

这种汽车现在还处于开发阶段，正在逐步发展中。

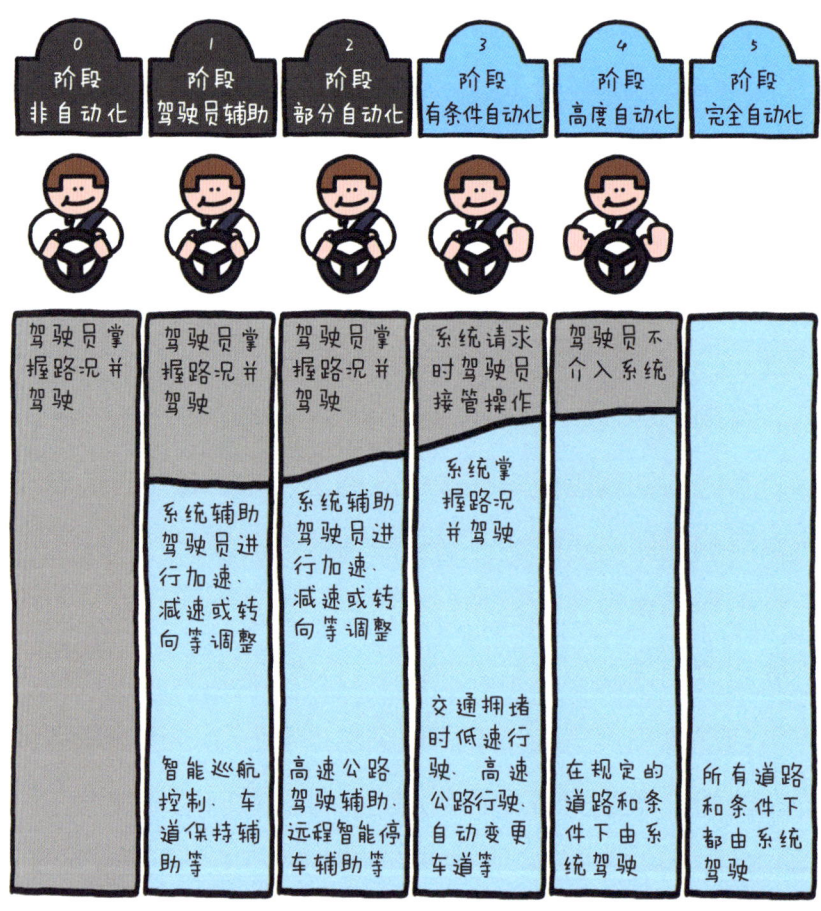

© 美国汽车工程师学会 (SAE)

沿车道行驶，根据设定的速度范围和与前车的距离自动减速和加速，这是自动驾驶的基本功能。

但自动驾驶 1 阶段只能实现其中一个功能。

也就是说，车辆要么只能控制方向盘，要么只能控制踏板（油门和刹车）。

相比之下，自动驾驶 2 阶段的车辆可以同时控制方向盘和踏板，在保持车道不偏离的同时，根据周围情况调整速度。

然而，无论是 1 阶段还是 2 阶段，驾驶员都是"人"，自动驾驶只是"辅助"功能。

驾驶员必须始终握住汽车的方向盘。

从自动驾驶 3 阶段开始，车辆可以自动驾驶，不过，只能在高速公路或汽车专用车道等没有特殊障碍的驾驶环境中进行！

驾驶员虽然不必一直握住方向盘，但必须随时准备好在车辆请求时立即接管驾驶，以应对紧急情况。

自动驾驶 4 阶段的驾驶员则无须应对紧急情况。因为即使发生紧急情况，车辆也能够自行判断并控制，但车辆只能在指定区域或道路上行驶。

自动驾驶 5 阶段是真正意义上的完全自动驾驶。

车辆可以在任何时间、任何地点自动驾驶，并在紧急情况下自行应对。

那么，目前的自动驾驶汽车处于哪个阶段呢？想想我们家用的汽车吧。

如果在高速公路上可以保持沿车道行驶，并根据最高速度和前后车辆的距离调整速度，那么它就是 1 阶段或 2 阶段自动驾驶汽车。

如果只能实现其中一个功能，那就是 1 阶段。如果两个功能都能实现，那就是 2 阶段。对吗？

美国旧金山的自动驾驶出租车和韩国首尔的自动驾驶公交分别处于哪个阶段呢？

当前，自动驾驶汽车大多正处于从 2 阶段向 3 阶段过渡的过程。

部分处于 4 阶段的自动驾驶汽车也已经在某些地区进行试点运行！

为了实现从 2 阶段到 3 阶段的跨越，以及 4 阶段试点的成功，需要哪些条件呢？

最重要的是技术的发展。

需要进一步提高摄像头、雷达、激光雷达等传感器的性能，还需要降低这些高性能传感器的生产成本。

自动驾驶人工智能也是一样的。它必须能够更快、更准确地解读和判断传感器收到的数据，并控制车辆。

为此，自动驾驶汽车需要更多的行驶经验。

在驾驶过程中，会遇到许多突发情况。

人类可以迅速应对这些情况，但人工智能不能。

对于人类来说易如反掌的事情，对人工智能来说可能很难。

人类需要告诉它在这种情况下应该怎样做，在那种情况下应该怎样做。

但问题在于，人类无法为所有可能的情况提供解决方案，因为突发情况几乎是无限的！

但幸运的是，科学家们开发了让人工智能自主学习的方法，这种学习方法通常被称为深度学习。

深度学习是通过给人工智能提供大量数据，让其自主判断的学习方法。

例如，给人工智能提供成千上万张动物的图片，并下达分类的指令，人工智能就会自行找出不同动物之间的差异，并把猫和猫归为一类，狗和狗归为一类。

学习的数据越多，人工智能的准确度就越高。

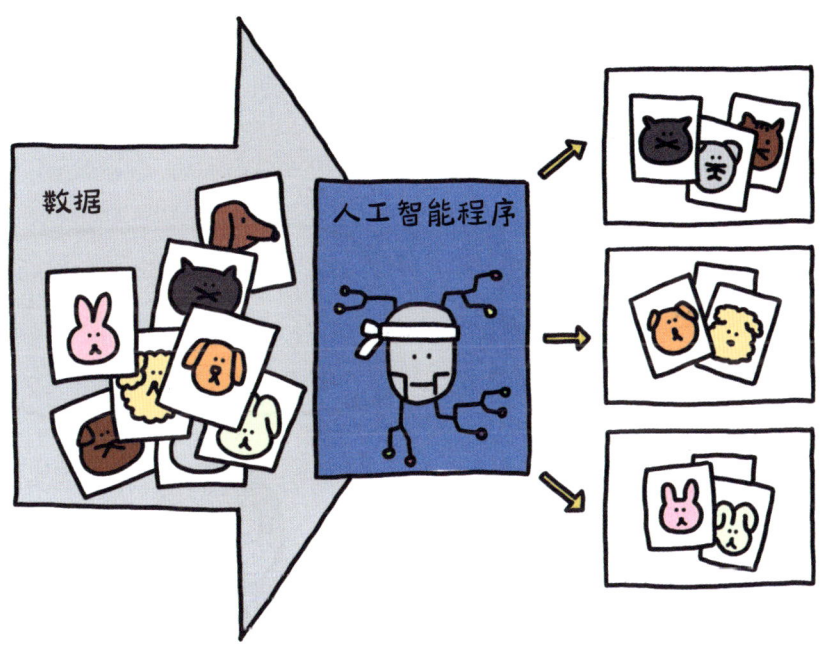

人工智能深度学习过程示例

在这种人工智能学习方法的帮助下，自动驾驶汽车在行驶的过程中会变得越来越聪明。

因为行驶得越多，自动驾驶汽车遇到的突发情况和获得的驾驶数据就越多。

此外，研究自动驾驶人工智能的科学家们还会故意制造一些突发情况。

在驾驶过程中遇到突然冲向道路的人，这样的突发情况并不常见。

无论自动驾驶汽车在路上行驶多久，遇到这种情况的概率都比较小。

但如果情况发生得少，那么累积的数据也少，自动驾驶人工智能就无法学习。

因此，人工智能科学家们创建了数字孪生，将现实世界的情况完整地复制到了数字世界中。

数字孪生？这项技术据说能与元宇宙结合！没想到它也可以应用于自动驾驶领域哇！

在虚拟的世界里，自动驾驶人工智能会遇到各种危险的、意外的和复杂的情况。

通过模拟这些情况，能够为人工智能提供更多的数据。

模拟的次数越多，自动驾驶人工智能就会变得越聪明。

这样一来，自动驾驶汽车向 3 阶段和 4 阶段进化的速度也会加快。

© 沃尔沃

模拟虚拟驾驶的场景

现在你能明白人工智能对于自动驾驶汽车有多重要了吧？

谁在制造自动驾驶汽车？

在自动驾驶汽车的研发中，人工智能占据了重要地位。可以说，开发自动驾驶汽车实际上是开发自动驾驶人工智能。

从引领自动驾驶汽车开发的企业中也能看出来。

比如说，Waymo 被认为是拥有顶尖自动驾驶技术的公司之一，而它是由谷歌（Google）创建的，之后从谷歌独立出来，成为谷歌的母公司字母表（Alphabet）公司旗下的子公司。

大家通常认为谷歌是一个以互联网门户网站和人工智能闻名的 IT 公司，而不是制造汽车的公司。

中国的百度（Baidu）也是公认的引领自动驾驶汽车开发的企业之一。

百度从 2019 年 9 月开始试运营自动驾驶出租车，近年日均接送乘客超过 9000 人次。

然而，百度同样不是汽车制造企业，而是运营同名门户网站的中国知名 IT 企业。

引领自动驾驶汽车开发的企业

企业	主要业务	母公司
Waymo	自动驾驶汽车	字母表（Alphabet）
百度（Baidu）	互联网门户网站、人工智能	—
Cruise	自动驾驶汽车	通用汽车（General Motors）
Mobileye	基于摄像头传感器数据的自动驾驶程序	英特尔（Intel）
Motional	自动驾驶汽车	现代汽车（Hyundai Motor）和安波福（Aptiv）的合资企业
英伟达（NVIDIA）	GPU 等半导体、人工智能	—
Aurora	自动驾驶人工智能	—
文远知行（WeRide）	自动驾驶人工智能	—
Zoox	自动驾驶汽车	亚马逊（Amazon）

注: 未设立中文名称的企业保留其英文名称

上表的这些企业中，只有 Waymo、Cruise、Motional 和 Zoox 的主要业务为自动驾驶汽车。在它们的母公司中，只有通用汽车和现代汽车是汽车制造企业。

虽然 Zoox 也生产车辆，但它的母公司是亚马逊，而亚马逊是一家从事互联网购物和云服务的 IT 公司。

其他公司则是开发自动驾驶相关人工智能的企业。

这些公司将自己开发的自动驾驶人工智能安装在现有汽车公司的车辆上，从而推动自动驾驶汽车的发展。

自动驾驶汽车的开发主导权实际上掌握在开发自动驾驶人工智能的企业手中。

虽然我们无法确定这些企业是否会继续主导未来的自动驾驶汽车产业，但目前看来，开发自动驾驶人工智能的企业仍然有很大的可能性继续保持主导地位。

要实现良好的自动驾驶，需要对自动驾驶人工智能进行良好的训练，而这正是专注于人工智能的公司所擅长的。

当然，汽车制造企业对此不会坐视不理。

汽车制造企业中不乏全球性的大公司。

全世界的人们都乘坐汽车出行，依赖汽车运送物品。

如果没有汽车，世界就会停止运转！

如果没有汽车？

汽车不仅是人们的出行工具，还负责运输生活必需品以及工业生产所需的原料和产品。因此，如果没有汽车，生活必需品就无法运输到超市，超市的货架上将空空如也。这样一来，人们就无法在超市购买所需的物品，甚至可能没有东西吃……整个世界将无法正常运转！

制造汽车的企业不会轻易放弃自动驾驶汽车市场的主导权。他们不仅会开发自己的技术，还会动用巨资购买优秀的技术！

然而，有些事情是无法改变的。

那就是汽车产业的发展方向。

未来的汽车将不可避免地朝着使用电力或氢燃料电池驱动的方向发展。

不仅因为这些能源效率更高，而且为了应对全球变暖，人类必须减少化石燃料的使用。

欧盟已经决定从 2035 年起禁止销售使用化石燃料的汽车。

因此，未来汽车中的电子元件比例预计将达到 70%。

这时，你可能会有一个疑问：汽车究竟是机械设备还是电子产品呢？

如果自动驾驶汽车全面投入使用，那么这个问题还可以加上一个新的选项。

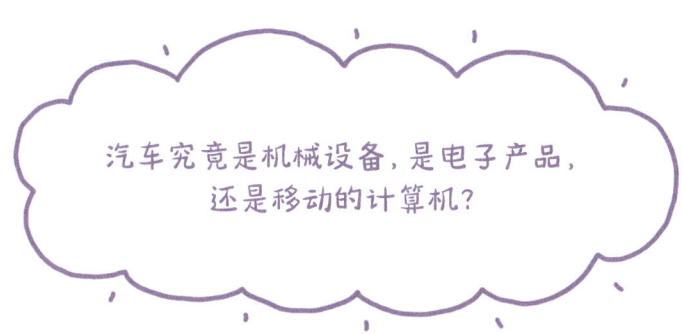

自动驾驶汽车是未来的交通工具。

你有没有想过，自动驾驶汽车能在空中飞行？

接下来，我们将了解有着无人机出租车、空中出租车、飞行汽车等多种名称的电动垂直起降飞行器（electric Vertical Take-Off and Landing，eVTOL）。

同时，我们还将探讨 eVTOL 实现商业化所需的技术和各项条件。

此外，我们还会讨论挖掘地下隧道让自动驾驶汽车行驶的想法。

在空中，在地下，
也可以自动驾驶！

在空中飞行的出租车

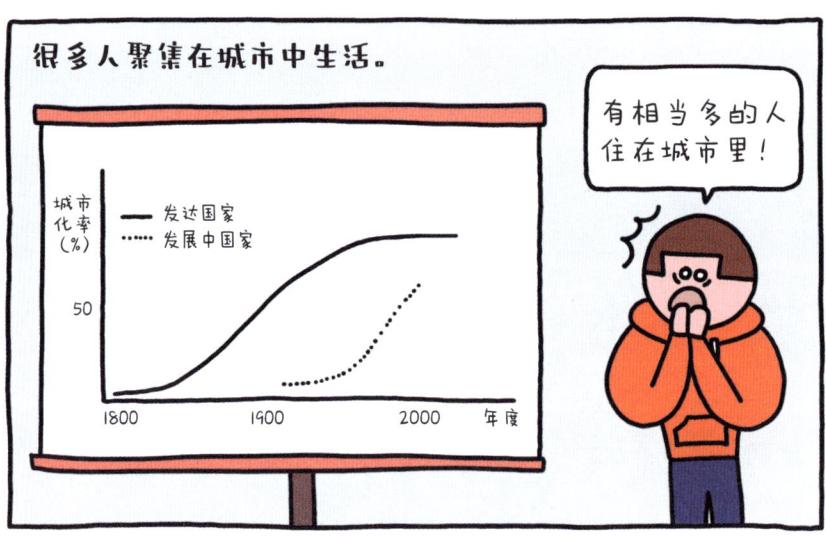

随着城市化进程推进，许多问题开始出现。

在城市问题中，最不容忽视的就是交通问题。

快让一让！着火了！

如果不能及时送到医院，就麻烦了！

考试要迟到了！

对，城市越大，交通问题就越重要！

亲爱的，再等等！

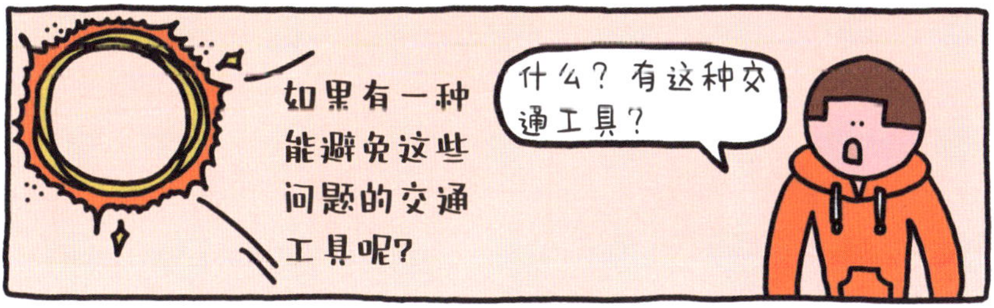

如果有一种能避免这些问题的交通工具呢？

什么？有这种交通工具？

它就是无人机出租车，也叫作空中出租车。

无人机？

无人机是一种可以远程控制或自动飞行
的航空设备。

无人机可以由人远程操控或
根据程序设定自动飞行，因
此不需要驾驶员。

无人机的用途多种多样。

用于各种航空拍摄。

用于喷洒农药等农业
活动。

用于军队和警方的
侦察。

还可以使用成千上万
的无人机进行无人机
表演。

无人机出租车是为载客而设计的无人机。

无人机出租车在城市上空 300~600 米的
高度飞行，即使道路拥挤也不用担心！

eVTOL 即 electric Vertical Take-Off and Landing，
意思是电动垂直起降飞行器。

因此，无人机出租车可以在城市的各个角落轻松
起飞和降落。

未来，我们将使用像无人机出租车这样的 eVTOL 在城市内部或临近的城市之间运输人员和物资。

无人机和自动驾驶

你操作过无人机吗？

如果是微型无人机，小朋友就可以用类似摇杆的控制器操控。

如果是微型以外的无人机，则必须由持有运营合格证的飞行员在国家机构的许可下操控。

因为无人机一旦坠落，不仅会造成财产损失，还可能导致人员受伤。

此外，无人机在空中到处拍摄时，可能会侵犯人们的隐私或泄露国家的重要信息。

不过，这些限制正在逐渐放宽。这是为了使用无人机进行配送。

不仅中国，美国、韩国、澳大利亚，还有欧洲的很多国家也在使用无人机配送医疗用品和食物。

然而，大部分只是在特定区域进行试点实施。

2024 年，美国的零售业巨头沃尔玛宣布将为得克萨斯州达拉斯－沃斯堡地区约 75% 的居民提供无人机配送服务。

面向大规模人口的无人机配送服务就此开始了。

© 沃尔玛

无人机的配送方式

　　无人机的配送方式多种多样，有的轻轻降落在院子里，有的利用降落伞安全地投放商品，还有的用绳索将商品放下来。这样做是为了减少噪声。

为什么要使用无人机进行配送呢？答案很简单！因为这样又快又方便。

无人机可以在 30 分钟内将商品配送到约 120 千米外的地方，而且还可以节省成本。

以往的配送大部分是由人来完成的，因此需要支付人工费。但如果使用无人机进行配送，就可以大幅减少人工费。因为大多数配送无人机都是自动驾驶的！

当然，以防万一，目前仍有人在实时监控。尽管如此，无人机配送市场仍在迅速增长。

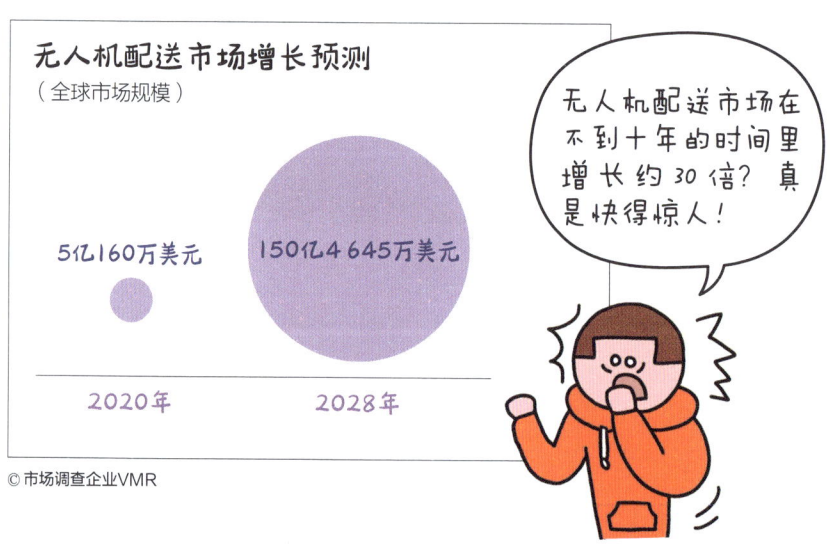

无人机配送市场增长预测
（全球市场规模）

5亿160万美元

150亿4 645万美元

2020年　　　2028年

无人机配送市场在不到十年的时间里增长约30倍？真是快得惊人！

© 市场调查企业VMR

自动驾驶无人机可不是谁都能制造的。

制造飞行器本身就是一件难事，再加上要配备自动驾驶功能，更是难上加难。因此，无人机配送公司都拥有极高的技术实力。

例如与沃尔玛合作的全球顶尖无人机配送企业——Zipline 诞生于美国硅谷，而排名第二的 Wing 则是由谷歌的母公司字母表（Alphabet）运营的。

但是，无人机只能用来配送物品吗？能不能把无人机做得更大一些，用来载人呢？于是，载人无人机诞生了。

© Volocopter

载人无人机

这是德国公司 Volocopter 制造的载人无人机。

无人机出租车，或者说空中出租车在 2016 年左右开始正式作为 UAM （Urban Air Mobility），即城市空中交通进行开发。

　　当时的 eVTOL 机型只有 6 种，但到 2021 年已增加到了 400 多种。短短 5 年间，UAM 市场取得了大幅的增长，而且预计未来会有更快的增长。

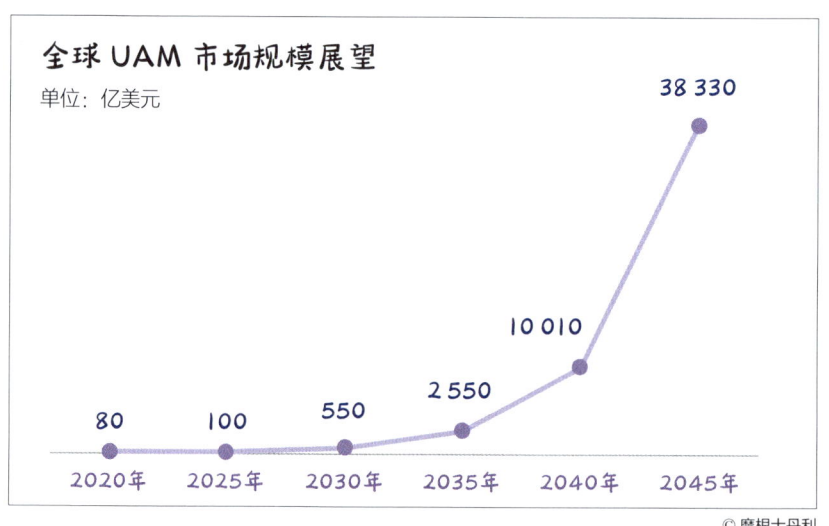

为什么呢？因为 UAM 的发展可以解决城市的交通问题！ UAM 不在拥堵的道路上行驶，而是在空中飞行！

而且是以汽车无法企及的速度飞行！

从北京大兴国际机场到北京的市中心，如果开车的话，不堵车需要 90 分钟，堵车的话需要好几个小时。

而 UAM 只需约 20 分钟。在需要紧急运送病人的情况下，UAM 更能发挥它的优势。

因此，许多公司都投入到了 UAM 的开发和制造中。

© 亿航

使用多个螺旋桨飞行的无人机出租车

无人机出租车使用多个螺旋桨飞行，即使一两个螺旋桨发生故障也不会影响安全。照片中的无人机出租车是由中国无人机公司亿航（EHang）开发的。中国在无人机市场占有 70% 以上的份额，是无人机强国，因此也在无人机出租车等 UAM 领域处于领先地位。

在国际消费类电子产品展览会上亮相的无人机出租车

　　韩国企业也对 UAM 非常感兴趣。照片是 2024 年现代汽车在国际消费类电子产品展览会（The International Consumer Electronics Show，CES）上展出的 5 座 eVTOL。这种带有机翼的设计比只有螺旋桨的无人机形式的 eVTOL 更为安全。因为如果出现问题，它可以像飞机一样滑翔着陆。

　　不仅是企业，世界各国也对 UAM 非常关注。交通问题是必须由国家出面解决的社会问题。

　　此外，为了让 UAM 这种新的交通工具能够安全、有效地运行，各国还需要进行多方面的准备，并制定相应的制度。

所以不仅是各个国家，地方自治团体也在进行 UAM 商业化所需的研究，并制定相关法律和制度。

有人认为，也许 UAM 的自动驾驶会比汽车的自动驾驶更早实现。

因为道路上有各种障碍物，不知道什么时候会有人或车辆突然出现，但在天空中则没有这样的情况。

空中自动驾驶所需的条件

目前计划中的无人机出租车原则上会沿着预先设定的航线运行。

因此，无人机出租车之间发生碰撞的可能性较小。

但在复杂的城市建筑间飞行或起降时，为了避免与周围物体发生碰撞，必须使用类似于自动驾驶的技术。

随着技术的进一步发展，包括无人机出租车在内的 eVTOL 将成为空中的自动驾驶汽车。

因此，无人机出租车等 eVTOL 所采用的自动驾驶技术与自动驾驶汽车是基本相同的。

但是 eVTOL 还需要一些特别的技术。

首先，eVTOL 降低了噪声。eVTOL 使用的是电动马达，而不是内燃机。电动马达相较内燃机噪声更小。

而且，使用电动马达可以减轻机体的重量，因为电动马达所需的部件比内燃机少得多。

机体重量的减轻，意味着螺旋桨的尺寸也会减小。

螺旋桨尺寸的减小又会进一步降低噪声！

得益于这些技术，eVTOL 比直升机安静 100 倍。

不同机型的性能有所不同，性能较好的 eVTOL 仅会发出类似于人们交谈的轻微声音。

哇，这也太安静了！

但是，你会不会有这样的疑问呢：为什么 eVTOL 只在城市内使用？

要是能像飞机一样飞往遥远的城市，甚至其他国家，那该多好哇。

问题在于"电池"。和电动汽车一样，eVTOL 也依赖电池驱动。

电动汽车最初出现时，其中一个大问题就是"充电"，比如充满电所需的时间过长，而且充满电后能行驶的距离非常有限。

此外，天气一冷，电池性能就会显著下降。

但现在，即使在冬天，电动汽车只需充电几十分钟，就能从北京开到济南。续航能力几乎与内燃机汽车相当。

然而，eVTOL 需要比电动汽车电池更小且性能更好的电池！

eVTOL 起飞的瞬间需要大量的能量，为了满足这一需求，电池的容量必须很大。

但是，电池容量增加，它的体积和质量也会相应增加。

对于需要在空中飞行的 eVTOL 来说，如果装载又大又重的电池，机体自然也会变得很重！

机体越重，就越需要更大容量的电池。

如今，eVTOL 的研究人员正在努力开发既小巧轻便，又能提供很大能量的电池。

目前，他们正在制造充电一次就可以以 100~300 千米的时速飞行 30 分钟左右的 eVTOL，这种 eVTOL 在城市内部使用是完全足够的。

不过，随着技术的进步，未来可能会开发出用于城市间的 eVTOL，也就是所谓的区域空中交通（Regional Air Mobility，RAM）。

此外，未来可能还会开发出类似巴士的大型 eVTOL。

© Joby Aviation

纽约的空中出租车

Joby Aviation 的空中出租车正在纽约上空飞行。Joby Aviation 是一家美国企业，以拥有 eVTOL 领域的顶尖技术著称，被称为"空中特斯拉"。

然而，要运营 eVTOL，不仅需要制造出优秀的 eVTOL，还需要建设与 eVTOL 配套的基础设施。

就像汽车需要道路，互联网需要通信网络一样。

这些道路和通信网络是由社会成员共同使用的，我们将这些设施称为基础设施。

基础设施是由国家和社会共同建设的。

eVTOL 运营所需的一个代表性基础设施是垂直起降机场。

垂直起降机场是 eVTOL 起飞和降落的场所，也可以说是 eVTOL 的站台和停靠点。

如果城市中没有垂直起降机场，再好的 eVTOL 也无法发挥作用。

确实，如果没有起飞和降落的地方，就无法使用 eVTOL 了！

那么，垂直起降机场应该建在哪里呢？

首先，要与机场相连接。

因为需要将城市内使用的 UAM 连接到其他城市。同样的道理，垂直起降机场也应与火车站和长途汽车站连接。还可以利用能够供直升机起降的大型建筑物的屋顶。

因为有大型建筑物的地方通常人流量较大，所以在这些地方建造垂直起降机场会非常合适。

除此之外，还可以在公园等宽敞的地方建造垂直起降机场。

© 现代建设

建设在各种地方的垂直起降机场

这是一家韩国建筑公司设计的各种垂直起降机场的效果图。垂直起降机场可以与机场或车站等连接，也可以建在开阔地或建筑物屋顶上。

垂直起降机场不仅仅是起降的站台，还需要负责对 eVTOL 发出起降指令，为返回的 eVTOL 进行充电、维护和报关。

此外，垂直起降机场还要管理 eVTOL 之间以及 eVTOL 与其他交通工具之间的无线通信系统。

因此，垂直起降机场不仅需要具备使 eVTOL 起飞和降落的功能，还需要具备控制功能。

要实现 eVTOL 的商业化，不仅需要技术方面的准备，还需要建设基础设施。

因此，eVTOL 应该首先被开发为像无人机出租车这样的公共交通工具，而不是像小汽车这样的私人交通工具。

因为无论多么富有的人，都不可能到处建立私人用的垂直起降机场。

地下也能自动驾驶?

国际消费类电子产品展览会（CES）是全球信息通信技术领域最具影响力的展会。

通过展会上展示的产品，我们可以了解当前技术的水平和未来技术的发展方向。

CES 于每年 1 月在美国拉斯维加斯举行。2022 年，一件展品亮相，吸引了众人的目光。它就是拉斯维加斯会议中心环线（Las Vegas Convention Center Loop, LVCC Loop）。

LVCC Loop 由连接拉斯维加斯会议中心主要地点的两条地下隧道组成。隧道里，汽车在飞驰!

在地下行驶的电动汽车

在 LVCC Loop 中央站，游客们正在使用特斯拉的电动汽车。

LVCC Loop 由"无聊公司"（The Boring Company）建造，这家公司的创始人正是对电动汽车和自动驾驶汽车开发充满热情的特斯拉创始人埃隆·马斯克！

埃隆·马斯克原本打算在 LVCC Loop 上运行特斯拉的自动驾驶汽车，但未能获得相关机构的许可。

2024 年的 CES 上，LVCC Loop 运行的也是特斯拉的电动汽车而非自动驾驶汽车。

然而，体验过 LVCC Loop 的人们都感到非常满意，因为如果在地面上行走，这段路需要大约 45 分钟，而通过 LVCC Loop 只需 1~2 分钟。

埃隆·马斯克主张在美国各个大城市挖掘类似的隧道，以解决交通拥堵问题。

为此，他还自主开发了挖掘隧道的隧道掘进机（Tunnel Boring Machine, TBM）。

© The Boring Company

隧道掘进机 TBM

TBM 的设计灵感来自蛀木虫。TBM 的前端有刀具，可以挖掘土壤。由于 TBM 只在地下作业，因此使用它可以在不影响地面的情况下进行隧道施工。连接英国和法国的海底隧道就是利用 TBM 建造的。

埃隆·马斯克曾在洛杉矶生活，那里的交通拥堵十分严重。

他想到了一个解决办法，那就是在地下挖掘隧道，并在隧道中运行自动驾驶的"超级高铁"（Hyperloop）。

超级高铁是一种在类似管道的隧道中利用气压差快速行驶的高速列车。

马斯克的原计划是在超级高铁内通过胶囊运输汽车。

但现在他的想法是让自动驾驶汽车在隧道中行驶。

在挖掘隧道的同时，制作自动驾驶所需的精确地图，然后在隧道内运行自动驾驶汽车！

隧道内的环境始终如一，没有天气变化，也没有意外的障碍物或行人突然出现，而且隧道内只运行自动驾驶汽车。

这样一来，自动驾驶人工智能之间可以充分通信，不会因为人为因素而产生突发情况。

在地下也能实现自动驾驶！你觉得怎么样？

当埃隆·马斯克刚提出地下超级高铁的构想时，有人认为他的想法过于天马行空而嘲笑他。然而，随着自动驾驶汽车的研究和开发，越来越多的人开始认为在地下挖掘隧道并只允许自动驾驶汽车行驶是个不错的主意。

致力于研究首尔城市问题的首尔研究院也曾考虑将"自动驾驶汽车地下专用道路"作为未来城市交通管理的一种方向。城市建筑师柳贤俊建议，建造仅供自动驾驶汽车行驶的隧道并通过这些隧道运输所有货物。

他认为，城市道路上 30% 的车辆是运输货物的汽车，将这些车辆转移到地下隧道中行驶，就可以减少地面的道路，从而扩大公园等绿地空间。

像这样，自动驾驶技术在不同领域得到了广泛研究。

地面上有自动驾驶汽车，天空中有无人机出租车等eVTOL，地下则有自动驾驶汽车专用道路等设施。

当自动驾驶技术在天空、地面和地下全面实现时，人们和货物的移动将从主要在地面进行的二维移动，发展为在天空、地面和地下进行的三维移动。

希望所有汽车都实现自动驾驶的那一天早日到来！

几年前，人们都认为完全自动驾驶将在三五年内成为现实。

各家公司也纷纷宣称很快就能将自动驾驶汽车推向市场。

然而，这些计划却不断被推迟！

于是有人提出质疑："自动驾驶的普及真的可能实现吗？"

为什么没有如预期那样很快实现呢？

让我们探究一下原因，并思考如何解决这些问题吧。

自动驾驶? 没那么容易!

没想到这么难······

2023 年 10 月 2 日，美国旧金山发生了一起可怕的交通事故。

一名正在过马路的女性被一辆汽车撞倒后，又被一辆自动驾驶出租车碾压，并被拖行了几米远。

人们震惊不已。

撞到人还不够，还拖行······

不是说人工智能已经充分学习过了吗？到底学了什么呀！

自动驾驶出租车竟然伤人！

这并不是唯一一起与自动驾驶汽车有关的事故。

自动驾驶汽车突然停下，
导致消防车出动延迟。

自动驾驶汽车为躲避沙袋
而与公交车发生碰撞。

行驶中的自动驾驶汽车突
然停止，导致多车连撞。

自动驾驶出租车撞到
行人。

人们试图解决这些问题，但比预想的要困难得多，
开发自动驾驶汽车的企业和研究人员因此受到了很大的阻碍。

于是，企业和研究人员将目光转向服务类机器人和乘客接驳车等
机器人领域的业务，或者专注于提升现有自动驾驶系统的性能。

不是吧，自动驾驶汽车的研究和开发这就停止了？

怎么可能！不过继续研究和开发确实有难度。

为什么会发生事故？

突然崩溃了！

像智能手机和电脑突然死机一样，自动驾驶汽车也会突然停止工作！

由于未知因素，系统未能正常工作……

那是天空吧？

总而言之，就是技术还不够完善，对吧？

未能准确识别物体和环境情况是造成事故的另一个主要原因。

说得没错。而且，行驶时的天气也会影响自动智驾汽车识别环境。

再加上各种千变万化的环境，情况多得数不胜数！

研究人员收集自动驾驶汽车运行中的各种情况，
并用这些数据不断训练自动驾驶汽车。

研究人员甚至利用程序故意制造极端情况。

模拟一下晴空万里时突然出现暴风雨的情况吧。

哇！真是热情高涨啊！正是因为拥有这样的热情，自动驾驶技术才能不断进步，让我们可以对自动驾驶汽车充满期待。

晴朗的天空怎么会有暴风雨呢？

这种情况一般不会发生。但以防万一，自动驾驶汽车也需要学习一些不太可能发生的情况！

说得没错！但是，光靠提升技术的努力和热情，就能让自动驾驶汽车真正在道路上行驶吗？

怎么，除了提升技术，还需要别的条件吗？

想知道吗？那就上车吧！

当然了！

哪一个是正确的选择？

你听说过 Trolley Dilemma——"电车难题"吗？电车难题是伦理学领域最为知名的实验之一。

Trolley 是探矿用的手推车，在这里指有轨电车。

Dilemma 指的是在几种选择中必须选择一个，但无论选择哪一个，都会陷入困境，出现难以做出决定的情况。

这个问题在 20 世纪中叶由哲学家提出，并通过哈佛大学迈克尔·桑德尔教授的课程《公正：该如何做是好？》变得广为人知。

我们来看一下这个问题。

一辆刹车失灵的电车在轨道 A 上行驶，但是轨道 A 上有五个人！继续行驶的话，这五个人会死。

你打算将电车转向轨道 B，可是轨道 B 上也有一个人！如果把电车转向轨道 B，这个人会死。

如果你站在可以改变轨道的开关前，你会怎么做？

啊，这可如何是好？

该如何选择呢？是让电车继续前行，还是变换轨道？很多人会选择变换轨道，因为这样可以拯救更多人的生命。但这真的是正确的选择吗？

五个人的生命就比一个人的生命更珍贵吗？而且，当问题稍作改变时，人们的回答也会有所不同。

如果那五个人都是陌生人，而那一个人是你的家人，你会怎么做？

很多人会选择救自己的家人。生命都是珍贵的，但对个人来说，家人的生命比陌生人的生命更重要。

人们都希望自己不要陷入这样的困境中。令人感到安心的是，这种情况在现实中发生的概率非常低。

但自动驾驶汽车的出现，让这个问题重新得到了重视。

因为自动驾驶汽车需要学会处理所有的情况！于是研究人员在电车难题的基础上，提出了自动驾驶汽车可能面临的难题。

大多数人在所有情景中都选择了"改变方向"。

如果必须有人牺牲，他们选择拯救更多人的生命，以及选择优先拯救孩子而不是老人。

而在情景3中，人们认为乘客要比行人承担更多的责任。

因此，在乘客和行人之间，他们选择了行人。

无论是制造自动驾驶汽车的人还是普通民众，都认为这些选择是合理的。

所以，研究人员试图按照这些选择训练自动驾驶汽车。

然而，问题产生了。还记得人们在情景 3 中的选择吗？在乘客和行人之间，他们选择了保护行人。

但许多消费者表示，如果自动驾驶汽车会优先保护行人而不是乘客，他们就不愿购买这样的汽车。

因为当乘客变成自己时，他们不希望汽车优先保护他人而不是自己。

这样一来，还能按照公众的选择和判断来制造自动驾驶汽车吗？

这个问题最终引发了"是否可以真正训练好自动驾驶汽车"的疑问。这种疑问增强了人们对自动驾驶汽车的担忧和不信任感。

无论自动驾驶汽车的技术如何发展，如果无法解决这个问题，自动驾驶汽车的时代就难以到来。

毕竟，谁愿意乘坐一辆让人感到不安和无法信任的汽车呢？那么，该如何解决这个问题呢？

我们无法在所有情况下，都为自动驾驶汽车提供明确的指令。因为在某些情况下，根本没有明确的答案！

要解决这些问题，最好的方法或许是避免陷入这种两难的局面。如果我们能够确保刹车不失灵，就不会有这样的困境了！

如果能够更快地预测前方的情况，即使刹车失灵，也可以找到其他解决方法。从这个角度来看，这些难题最终还是要通过技术来解决！

是谁的错？

前面我们提到了自动驾驶的几个阶段，还记得吗？让我们回顾一下自动驾驶的各个阶段吧。

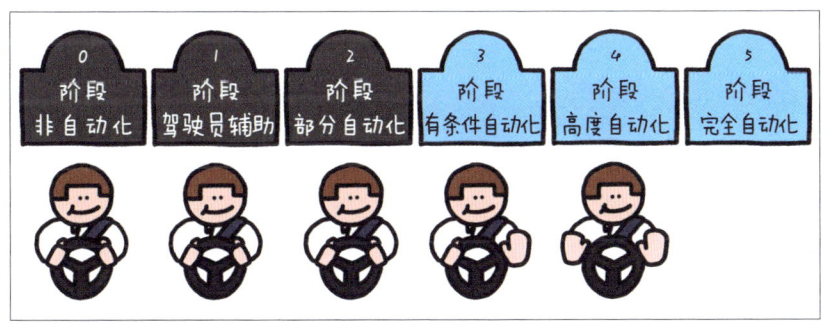

自动驾驶的不同发展阶段

从1阶段过渡到2阶段是相对自然的：车辆从只能控制方向和速度中的一个，到能够同时控制两者。

技术的发展使这一过渡非常顺利。

但要从 2 阶段过渡到 3 阶段，除了技术之外，还有其他问题需要解决。

在 1 阶段和 2 阶段，即使在自动驾驶模式下，驾驶员也不能松开方向盘。

而在 3 阶段时，驾驶员可以松开方向盘，除非汽车请求驾驶员进行干预。

驾驶员不能松开方向盘，这意味着"驾驶的责任完全在驾驶员身上"。

相反，驾驶员可以松开方向盘，这意味着"驾驶的责任不在驾驶员身上"。

在 3 阶段，驾驶员可以松开方向盘，这表示"至少在松开方向盘期间，驾驶的责任不在驾驶员身上"。

那么，这期间的责任在谁身上呢？当然是在自动驾驶汽车身上！因为不是人在驾驶，而是汽车在驾驶。

在 2 阶段及之前，事故责任完全在驾驶员身上。但从 3 阶段开始，事故责任可能会转移到汽车身上！

因此，从自动驾驶 3 阶段开始，如果汽车在自动驾驶过程中发生事故，责任可能会归咎于制造汽车的企业或编写程序的程序员。

所以，制造自动驾驶汽车的企业和开发自动驾驶人工智能的程序员，在推出 3 阶段的自动驾驶汽车时，无法像推出 2 阶段的汽车时那样自信。

想象一下，如果汽车在自动驾驶过程中发生了事故，企业或程序员有时可能需要支付巨额的赔偿。

不仅仅是赔偿问题，如果涉及人员伤亡，甚至可能面临刑事处罚，其与消费者也可能会发生纠纷。

因为驾驶责任有时在汽车身上，有时在驾驶员身上，所以在发生事故时，需要判断当时的责任归属。

对于企业或程序员来说，除了技术进步之外，还有很多其他的因素需要考虑！

这些问题并不是仅靠自动驾驶汽车制造企业和自动驾驶程序开发人员的努力就能解决的，还需要通过法律和制度层面的措施来解决。

自动驾驶汽车制造和运行相关问题

- 各个阶段的自动驾驶汽车需要具备哪些条件、自动驾驶汽车可以在哪些区域或道路上运行
- 制造自动驾驶汽车的企业和研究人员的责任、义务和权利有哪些

自动驾驶汽车事故相关问题

- 根据具体情况，确定驾驶员、制造商、程序开发人员的责任归属和范围
- 事故发生时，由谁负责调查，调查如何进行，以及调查权力的范围
- 保险如何适用

自动驾驶汽车驾驶员相关问题

- 自动驾驶汽车驾驶执照的取得条件
- 自动驾驶汽车驾驶员的权利和义务
- 自动驾驶汽车驾驶员的培训

为了应对这些问题，一些国家已经开始制定相关法律并修订现有法律，我们来看看几个国家的例子吧。

德国作为汽车强国，早在 2017 年就修订了与 3 阶段自动驾驶汽车相关的法律，虽然在法律上缩小了驾驶员的责任范围，但同时明确规定，车辆将控制权交还给驾驶员时，事故责任仍由驾驶员承担。

到 2021 年，德国又为 4 阶段自动驾驶汽车修订了法律。

日本 2019 年的修订法案中也有涉及 3 阶段自动驾驶汽车的内容，其特点是提高了自动驾驶系统的制造标准。

英国也为此修订了法律，在自动驾驶汽车导致的事故中，对保险公司和制造商的责任追究比对驾驶员更为严格。在发生事故时，法律责任虽然归于驾驶员，但大部分责任实际上由保险公司承担。

韩国在 2020 年修订了《汽车事故赔偿法》，使得自动驾驶汽车也能与普通汽车一样购买保险。

有了这些法律和制度的保障，制造自动驾驶汽车的企业、开发自动驾驶程序的研究人员，以及乘坐自动驾驶汽车的消费者都能够放心地使用自动驾驶汽车。

因为他们可以清楚地知道自己应该做什么、不应该做什么，也知道自己可以主张哪些权利，需要履行哪些义务。

在这种情况下，即使发生事故，大家的恐惧感也会减轻。因为大家只需要对自己的过失负责，而对自己的过失负责是理所应当的。

需要达成一致!

下面是一则关于一场抗议活动的新闻。人们在抗议什么呢?

没错！2023 年，Waymo 和 Cruise 的自动驾驶出租车在美国旧金山获得了 24 小时运营的许可，这引发了反对者的抗议活动。

自动驾驶出租车开始运营后，一些人在车上做出了令人不悦的行为。

虽然自动驾驶出租车上没有驾驶员，但车内仍然是公共场所。

公共场所有很多不应该做的事情，但由于车内是一个完全封闭的空间，隐私得到了保障，即使车内发生犯罪行为，外面的人也很难察觉。

有一次，因为附近举办节日活动，大量人员聚集导致通信网络中断，运行中的自动驾驶出租车在十字路口突然全部停了下来。

这一情况导致周围的道路陷入了严重的交通堵塞。

抗议者们表示："如果当时发生了火灾或紧急医疗情况，消防车和救护车无法及时赶到，后果将不堪设想。"

一想到这，他们就不寒而栗。他们抗议在他们居住的地方试运营这种不安全的自动驾驶汽车。

这样的事情一再发生，一些人预测自动驾驶汽车可能会在政府监管或市民社会监督相对较少的国家首先发展起来。

那么，对于这些问题，从事自动驾驶汽车研究和开发的人员是如何回应的呢？

他们解释说，自动驾驶是一项可以挽救生命的技术，并引用以下数据作为依据：

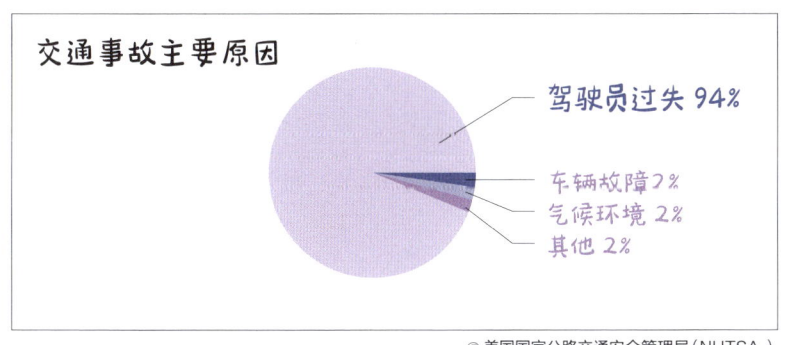

© 美国国家公路交通安全管理局（NHTSA）

如图所示，大多数交通事故是由驾驶员的过失引起的。

比如酒驾、疲劳驾驶、超速，还有随意变更车道和超车！此外，驾驶员需要时刻注意前方，有时会因为操作手机等设备或者看其他地方而导致大小事故。

但是自动驾驶汽车不会喝酒，不会打瞌睡，也不需要看手机。

它们在驾驶时只专注于驾驶，从不会超速，车道变更也会提前规划好并按规划完成。

因为超速、随意变更车道等行为是被程序禁止的！

那么，相比之下，人类驾驶和自动驾驶汽车驾驶，哪一种方式更安全呢？

有研究结果回答了这一问题。

该研究由通用汽车（General Motors,GM）与美国密歇根大学和弗吉尼亚理工大学交通研究所联合进行。

通用汽车提供了一项名为 Maven 的共享汽车服务，使用的是没有自动驾驶功能的汽车。共享汽车服务是指将一辆车租给不特定的人群使用，然后按照时间计费的服务。

通用汽车还在旧金山提供了名为 Cruise 的自动驾驶出租车服务。研究人员对 Maven 和 Cruise 的行驶数据和事故记录进行了比较。

我明白了，让 Maven（人类驾驶）和 Cruise（自动驾驶）行驶同样长的路程，比较它们发生事故的次数，就能知道哪种方式更安全了，对吗？

旧金山复杂的城市环境是评估自动驾驶安全性的理想场景。

研究人员通过对比 Maven 和 Cruise 在相同行驶里程内的事故次数，直接衡量了两者的安全性差异。

统计数据显示，在每百万英里（约合 160 万千米）的行驶中，自动驾驶的总事故次数比人类驾驶少了约 65%，需要担责的事故次数和乘客受伤的高风险事故次数也比人类驾驶少得多。

从各个方面来看，自动驾驶汽车驾驶都更安全！

既然如此，人们为什么会有自动驾驶汽车好像更容易发生事故，还会造成更严重的人员伤害的印象呢？

这其实是新闻报道的缘故。

人类驾驶时发生的事故称不上新闻，自动驾驶汽车驾驶时发生的事故却是新闻！

因为人类驾驶时发生的事故屡见不鲜，自动驾驶汽车驾驶时发生的事故却是真正新鲜的大新闻！

而且，人们对于新技术总是保持谨慎的态度。

一旦发生事故，人们就会质疑新技术的安全性。因此，和传统汽车事故相比，自动驾驶汽车事故往往被认为更严重，更令人担忧。

自动驾驶技术是一项新技术，所以人们比较担心。

人们对自动驾驶汽车的反对意见不仅仅源于对其安全性的担忧，还涉及其他问题。最典型的就是就业问题。

自动驾驶汽车的全面应用将会导致一些工作岗位的消失。

例如出租车司机、公交车司机、代驾司机等。

另外，与卡车和快递相关的工作岗位也会减少，因为自动驾驶卡车也即将出现。

隐私问题也是一个值得关注的方面。

使用自动驾驶汽车时，我们什么时候去了哪里都会被完整地记录下来。

如果这些记录被泄露了呢？

同时，安全问题也可能非常严重。

因为如果自动驾驶程序被黑客攻击，可能会引发事故。更进一步地说，黑客甚至可以将自动驾驶汽车当作武器！

但是，这些问题并不仅仅发生在自动驾驶汽车上！

随着人工智能技术的不断发展，就业问题已经不仅仅是某些特定领域的担忧，而是所有人都需要面对的挑战。

隐私问题和安全问题也同样如此。如今，我们随时随地都在使用互联网，并且暴露在有线和无线通信的环境中，这些问题始终存在。

因此，这些问题并不是通过反对或禁止自动驾驶汽车的使用就能解决的。

我们需要从更宏观的角度出发，让更多的人参与进来，共同寻找解决方案并达成共识。

到目前为止，我们一直在讨论自动驾驶汽车存在的问题，现在我们来谈谈它的一个优点。

在之前提到的旧金山抗议者的对立面，还有一些支持自动驾驶汽车的人，其中最典型的就是残疾人群体。

残疾人在使用公共交通工具时，有时会因为某些司机不愿意搭载他们而感到不快。

但自动驾驶出租车不会带来这种不快。

对自动驾驶出租车来说，无论是残疾人还是健全人，他们一样都是乘客！

考虑到这些因素，人们对自动驾驶汽车的看法可能会变得更加积极呢！

制造自动驾驶汽车需要极高的技术。

而要实现自动驾驶汽车的商业化，社会上也需要做很多准备。

即便如此，自动驾驶汽车也正在一步步接近我们。

而从技术发展的历史来看，自动驾驶汽车很可能会在转瞬间成为主流交通工具。

让我们来探讨一下为什么这会成为必然趋势，以及在这种情况下，世界将会如何改变，提前描绘一下自动驾驶时代的蓝图吧。

因为自动驾驶汽车！

世界上最低效的发明

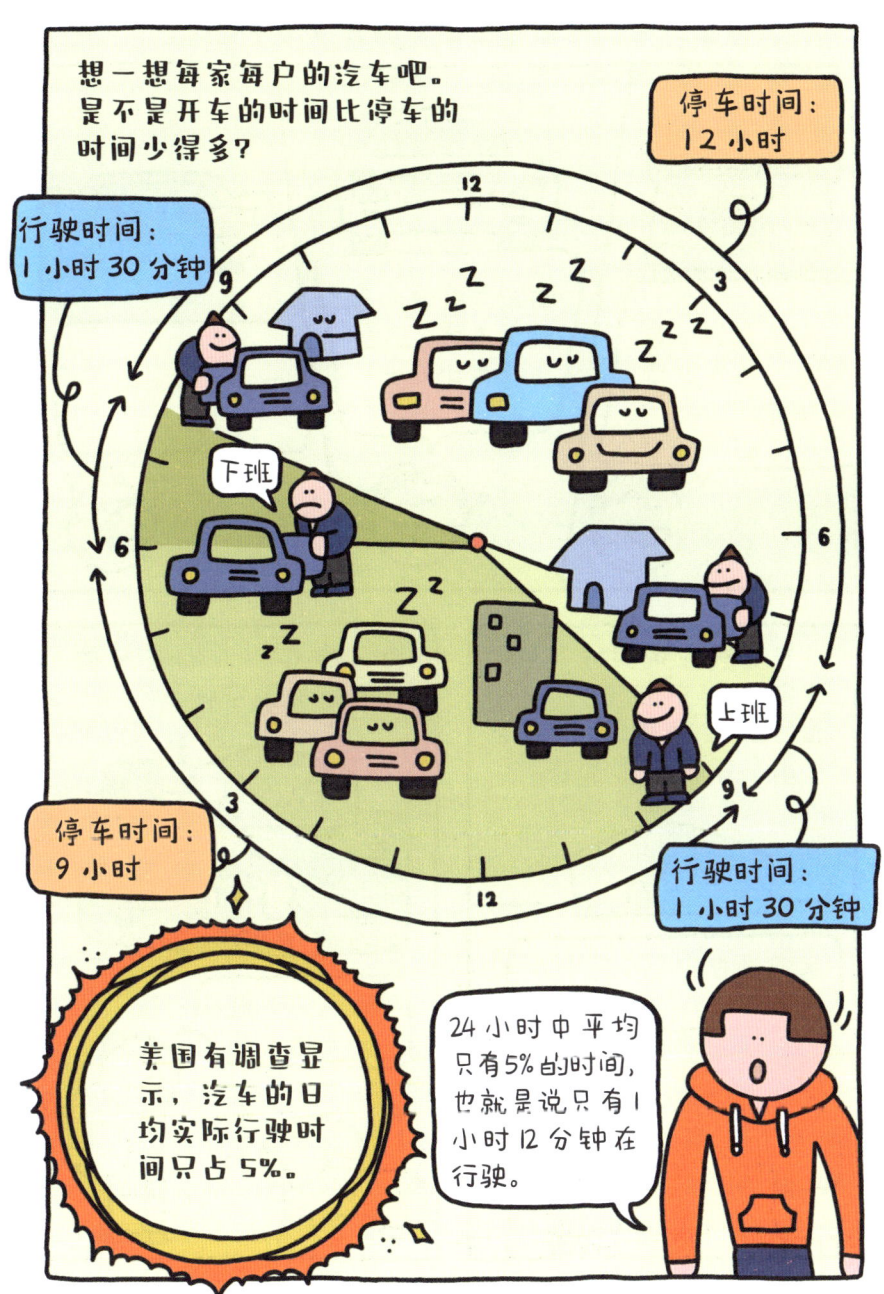

105

但是，人们在汽车上花费的钱仅次于住房。

不光是买车的时候花钱，我们还得不断给汽车加油，交各种税。拥有汽车本身就要花很多钱。

为了汽车，人们甚至放弃了重要的空间。

不仅是个人，整个社会也在为此承担着巨大的成本。

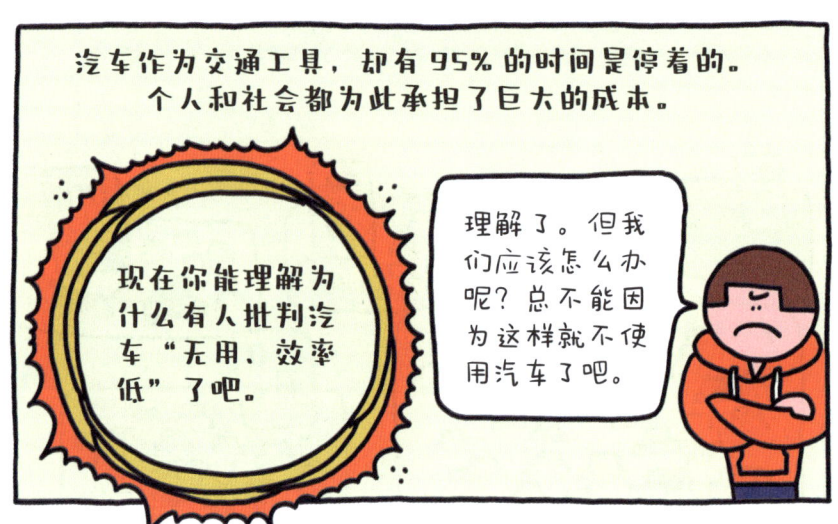

自动驾驶汽车可以解决这个问题！

自动驾驶汽车会自动前往有需要的人那里。

就像用智能手机叫出租车一样。

出发地：当前位置
目的地：韩松小学

话是这么说。但那样的话，我不就没有自己的汽车了吗？

这样一来，汽车的行驶时间就不是5%而是95%了，对吧？停车困难和交通堵塞的问题就能缓解了。

111

汽车的变革

2050 年，自动驾驶汽车已经实现商业化了。

现在是 8 点 50 分，正宇需要在 9 点之前赶到学校……但他还在不紧不慢地吃着早餐。

走到学校要花 10 分钟，但乘坐自动驾驶出租车只需要 2 分钟！

爸爸妈妈出门后，正宇叫了一辆自动驾驶出租车。

自动驾驶出租车会在 8 点 55 分准时到达家门口，并在 8 点 57 分准时把他送到学校门口。

"4 分 30 秒后出门就可以了！背上书包花 30 秒足够了！"

正宇乘坐的自动驾驶出租车是什么样的呢？

首先来看看车内的情况！最显著的特征是车里没有驾驶座。

所有与驾驶相关的部件，比如方向盘、刹车、油门和后视镜，都不存在。

看起来非常舒适！

©沃尔沃

自动驾驶汽车的发展与汽车设计的变化

汽车制造企业正致力于为自动驾驶时代设计合适的汽车。这张照片展示的是汽车公司沃尔沃的车内设计，在按照这种设计制造的汽车内，人们可以睡觉、休息，也可以学习或工作。

因为不需要驾驶，人们可以在车里坐着休息或睡觉。

如果乘车时间较长，可以靠看电影或玩游戏来度过。

这时候，如果车内有一张桌子就好了，使用平板电脑、笔记本电脑等设备就会更方便。

但不管是电影还是游戏，用大屏幕观看起来才更有趣、更加身临其境！

这一点可以利用车前窗或后窗来实现。

变成屏幕的车窗

可以将整个车窗变成电影屏幕、电脑显示器等的显示技术已经被开发出来了。显示器是将电信号转换成我们眼睛可以看到的图像的设备。除了电视、电脑显示器外，透明显示器也在研发中。透明显示器可以当作玻璃使用，也可以当作各种屏幕来使用。

哇！如果播放录制好的自然景观，人们就可以在车里观看沙漠、海洋，甚至宇宙了！

和家人或朋友一起乘车时，如果能够面对面聊天就好了。

　　因此，座椅可以设计成能够前后左右自由移动的形式，并且在座椅之间放置桌子，以便大家一起享用简餐等。

　　如果还能改变车内氛围，那就更完美了。你觉得这可能吗？如果车窗全部使用透明显示器的话，就可以实现。

　　比如，在透明显示器上播放蓝色海洋或绿色田野的画面，那么车上的人可能会产生他们坐在海边或田野上的错觉。

© 赫斯维克工作室

汽车咖啡厅

　　这张照片展示了由世界著名设计师托马斯·赫斯维克设计的自动驾驶汽车的内部。所有车窗都使用了透明显示屏，当播放海洋、田野等美丽的自然景观时，车内会营造出如同置身自然中的咖啡厅的感觉。

随着车辆内部的改变，汽车的外观也会发生很大的变化。

首先，侧视镜将会消失。因为侧视镜是为了让驾驶员能够看到左右和后方的情况而设计的。

而自动驾驶汽车外部将会安装可以与周围车辆或行人交流的显示屏。

比如，显示"谢谢！"来感谢让路的车辆，显示"你先走！"表示要让路，或者对想使用车辆的人显示"你好！"等信息。

© 智马达

与乘客互动的汽车

可以看到车前下方显示着"Hey David"的字样。看来是 David 叫的车吧！这样当车辆向他打招呼时，David 就能立刻知道这是他要乘坐的车了，对吧？

汽车的外形也会变得比现在更加多样化，这样一来，人们可以很容易辨认出自己要乘坐的车辆。

并且用户可以选择自己喜欢的设计，这样即使是多人共享的车，用户也能乘坐到符合自己心意的车。

方型汽车也会越来越多。

现在我们乘坐的汽车大多是流线型的，因为流线型的汽车在行驶时空气阻力较小，不仅能跑得更快，还能减少噪声。

但这种设计有一个缺点，就是车内空间会变小。

对于那些想在车内看电影、玩游戏，或者面对面吃东西、聊天的人来说，方型汽车比流线型汽车更方便，因为车内空间更宽敞、舒适。

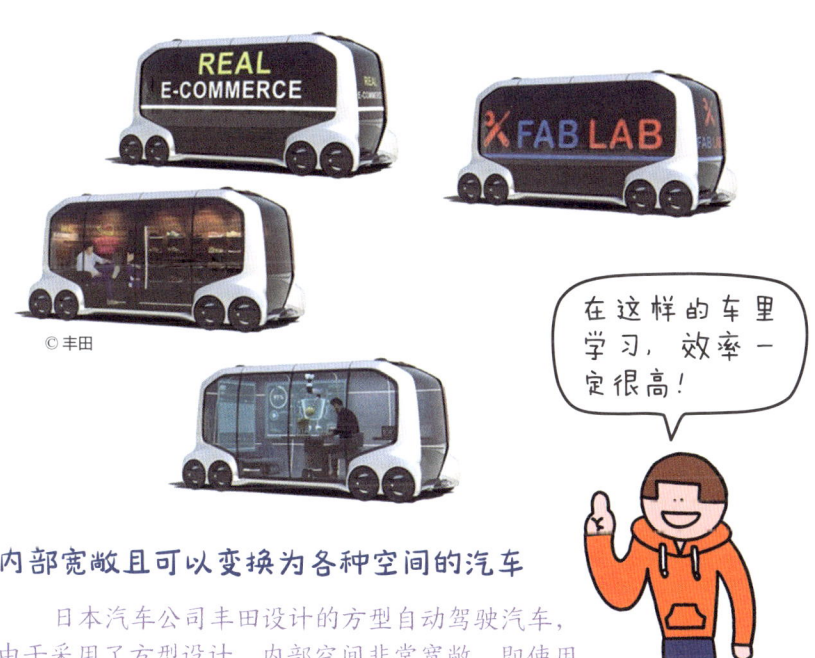

© 丰田

在这样的车里学习，效率一定很高！

内部宽敞且可以变换为各种空间的汽车

日本汽车公司丰田设计的方型自动驾驶汽车，由于采用了方型设计，内部空间非常宽敞，即使用作办公空间也不会显得局促。

汽车的生产方式也会发生变化。目前，汽车是通过传统的流水线系统生产的。

流水线是指用于连续运输材料、半成品和货物的自动化机械装置。

利用流水线可以提高生产效率，利用流水线传送带提高生产效率的生产方式就是流水线系统。

流水线系统非常适合 20 世纪汽车发明和需求爆炸性增长的情况。

因为它能够快速大量地生产出几种类型的汽车。

然而，在自动驾驶汽车普及的时代，需要生产多样化的产品。

即使是同一种车型，也需要根据消费者的需求调整配置和便利设施。

在这种情况下，流水线系统就不再适用了。因此，一种新的汽车制造方式应运而生。

流水线系统

单元生产系统

© 现代汽车集团

流水线系统和单元生产系统

　　在流水线系统中，汽车的制造过程被细分为多个步骤。当车身通过传送带送到工位时，工人或机器人就会在规定的时间内执行指定的任务，比如安装发动机、装配车轮、安装收音机、给车身喷漆等。由于一切都是固定的，所以很难生产出多种类型或多种规格的汽车。

　　而单元生产系统是新的汽车制造方式的典型代表。它将汽车的生产过程分成若干单元，每个单元负责 4 到 5 个步骤。在这个过程中，会有根据车辆特性定制的工作指令，从而能够生产多种配置的车辆。在单元生产系统中，机器人将被更广泛地运用，从而提升生产速度。

正在兴起的另一种未来汽车形态是 PBV。

PBV（Purpose Built Vehicle），即目的导向车辆，是为了特定目的而设计和制造的汽车。

我们以快递公司为例。快递公司在各个街道收取包裹，将其运送到中转站，然后再从中转站运输到大型物流中心。

在大型物流中心，包裹被重新分类并送到区域中转站，最后配送到街道。在此过程中，快递公司会使用不同大小的卡车。

在街道中使用小卡车，运送到中转站时使用中型卡车，运送到大型物流中心时使用大卡车，这种方式更加经济。

如果能够将快递包裹放入大型柜子中，然后一次性装卸，就会大大节省时间和劳动力。

对于相同地区的包裹，使用这种大型柜子也是一种好方法。

为了满足快递公司的这种需求，PBV 应该如何设计呢？

将卡车设计成像乐高积木一样可以组装的形式就好啦。这样的车辆不能使用传统的流水线系统制造，而是需要采用新的汽车制造方式。

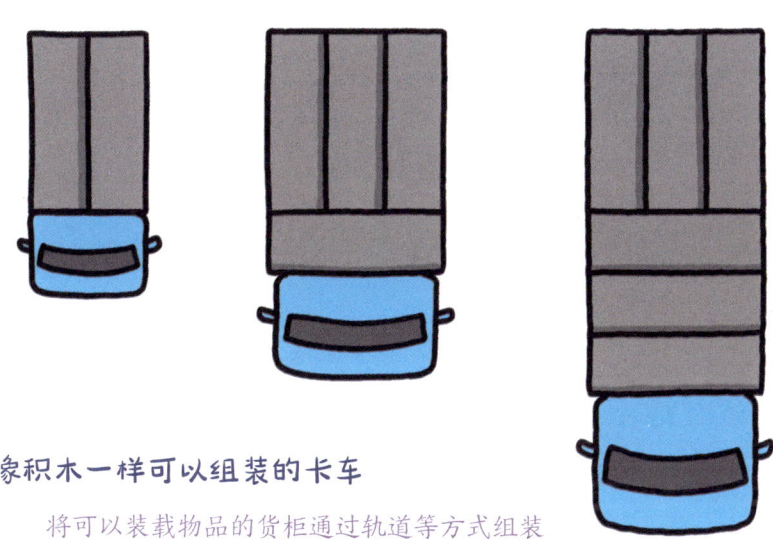

像积木一样可以组装的卡车

　　将可以装载物品的货柜通过轨道等方式组装到卡车的货厢上，方便安装和拆卸。这些货柜适用于各种大小的卡车。这样，物品就可以以货柜为单位进行装卸，而不必一个一个卸货。未来，快递公司将会定制适合自己需求的 PBV 自动驾驶汽车，而不是购买汽车公司生产的卡车。

　　进入自动驾驶汽车的时代后，汽车还将如何变化呢？让我们继续畅想吧！

自动驾驶汽车改变城市

无论是发达国家还是发展中国家，大多数人都聚集在城市里生活。

因为在城市里更容易找到工作，而且只有在城市里生活，才能获得教育、医疗、文化等大多数领域中更高质量的服务。

此外，从某些方面来看，聚集在城市里生活是非常经济的。

世界著名理论物理学家杰弗里·韦斯特（Geoffrey West）发现，当城市规模扩大一倍时，道路、管道、电线等基础设施的规模只需要增加85%，而不是100%。

然而，生活在城市里也需要面对各种问题，如污染、交通、住房和犯罪等。

但是，如果自动驾驶汽车普及，城市的污染问题可能会有所改善。

包括自动驾驶汽车和 UAM 在内的未来交通工具都将使用电力或氢燃料驱动，不会像内燃机汽车那样排放污染物。

自动驾驶汽车商业化时，道路将变得更加智能。

自动驾驶汽车会实时收集和分析道路信息，以进行导航和行驶。

而如果道路能够向车辆提供信息，自动驾驶汽车将能够更好地行驶。

例如，交通信号灯可以告诉自动驾驶汽车信号何时变换，道路上的监控摄像头也可以向车辆提供信息，从而使自动驾驶汽车能够更快速、更安全地行驶。

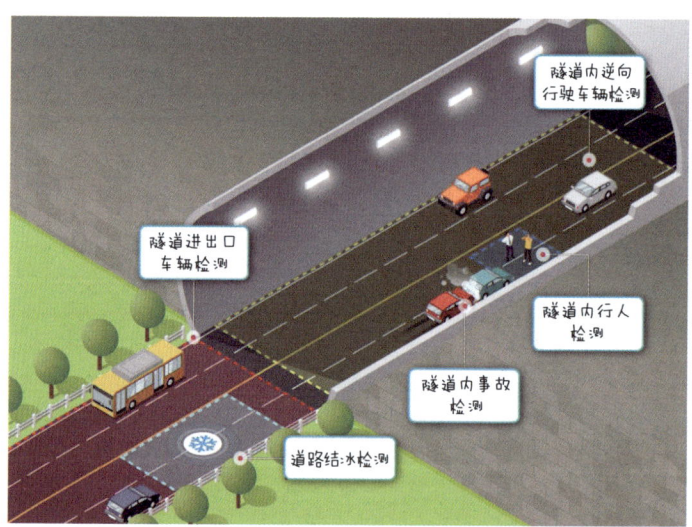

© 韩国建设技术研究院

智能道路

智能道路可以向车辆提供大量信息！这些信息对于确保车辆安全快速地行驶非常有帮助。

如果利用埃隆·马斯克提出的地下隧道来运行自动驾驶汽车，并按照城市建筑师柳贤俊的构想，利用地下隧道进行物流运输，再加上 UAM 的商业化，那么城市将在垂直方向上更加紧密地连接起来。

这样一来，自动驾驶的交通工具将人员和物流在水平和垂直方向上连接起来，智能化的道路又将大大加快车辆的流动速度。

自动驾驶汽车有助于解决城市中长期存在的交通拥堵问题。车辆流动速度加快，交通拥堵减少，能源效率也将相应地提升。

因为停车的时间减少了，所以能源的消耗也减少了。

城市的外观也会发生变化。市中心的停车场会减少，随着共享汽车的增加，停车需求也会减少。

如果将停车场改建为公园，城市会变得更加美丽！如果在原来的停车场上建造图书馆等公共设施，城市会变得更加有趣，人们也会更加闲适！城市也可能变得更加庞大。

由于更快的交通工具和更畅通的车辆流动，即使是远距离的旅行也会变得轻松快捷。

那么，自动驾驶汽车还会如何改变城市呢？试着想象一下吧！

刚刚叫我想象汽车的变化，现在又叫我想象城市的变化？啊！为什么总是让我想象？

　　想象未来是非常重要的。因为想象能够促进技术的产生，而技术则会把想象变为现实！

　　在这个过程中，我们还可以发现自己想做的事情，以及我们应该做的事情！

失去的和得到的

最后，让我们通过几张照片来思考一下吧。

1900年在美国纽约举行的
复活节游行。

1913年在美国纽约举行的
复活节游行。

© 维基共享资源

© 美国国会图书馆

在美国纽约，每到复活节，人们都会举行游行庆祝活动。

直到20世纪初，这些活动还主要是由富裕阶层主导的。

那么，有一个问题——看了前面的两张照片，你有什么感受？

没错！看到这两张照片，很多人都会大吃一惊："怎么可能，短短13年人们的主流交通工具就从马车变成汽车了！"

1885年，奔驰推出了世界上第一辆三轮汽车，但即使到了15年后的1900年，很多人还是会想："谁会去开汽车呢？"

但是在那之后，又过了 13 年，汽车取代了马车，成为主流交通工具。

汽车公司利用了这些照片宣传自动驾驶汽车，表示它们也会很快成为主流。

然而，从另一个角度再仔细看看前面的照片。

"那些开始驾驶汽车的人，是否还能驾驭马或马车呢？"

当然，那些曾经驾驭过马和马车的人依然可以驾驭它们，比如在 1900 年已经年满 20 岁的人。

然而，对于 1900 年后出生的人来说，他们是否还能驾驭马和马车呢？这样的人应该是少数吧。

毕竟马和马车不再作为交通工具被使用，就没有必要学习如何驾驭马和马车了！

因此，骑马最终成了一项运动，还被列为了奥运会项目。

自动驾驶汽车普及后，可能会出现类似的现象。

一方面，汽车会自动接送乘客，人们就没有必要学习如何驾驶汽车了！另一方面，由于人工驾驶更容易发生突发情况，未来人工驾驶可能会受到限制。

因此，人们可能会忘记如何驾驶汽车！驾驶可能会变成一种爱好或运动。

尽管自动驾驶汽车的出现可能会使我们失去驾驶能力，但自动驾驶汽车也可能会让我们更自由。

使用自动驾驶汽车，人们可以去更多更远的地方！

年老体弱、无法开车的老人，身体不便、不能开车的残疾人，都可以去他们想去的地方！

长途旅行时也不用担心。

选择带床的车辆，就像在房车中一样，吃饭和睡觉都可以在自动驾驶汽车中进行。

独自行驶 10 小时也不成问题，因为我们不需要开车，所以无论是 10 小时还是 20 小时的行程都可以轻松完成。

简而言之，得益于自动驾驶汽车，我们能够更加轻松地出行。

想象一下，乘坐自动驾驶汽车从亚洲的东端一直行驶到欧洲的西端！

想象一下，沿着成吉思汗曾骑马奔驰过的道路，乘坐自动驾驶汽车前行，仿佛整个世界都触手可及，感觉整个世界都是自己的！

尾声

让我们进入更高阶!

看完本书,你对自动驾驶有了什么样的看法呢?
让我们用图形组织器来表达吧!

请列举自动驾驶的3种核心技术，并简单写写这些技术分别发挥了什么样的作用。

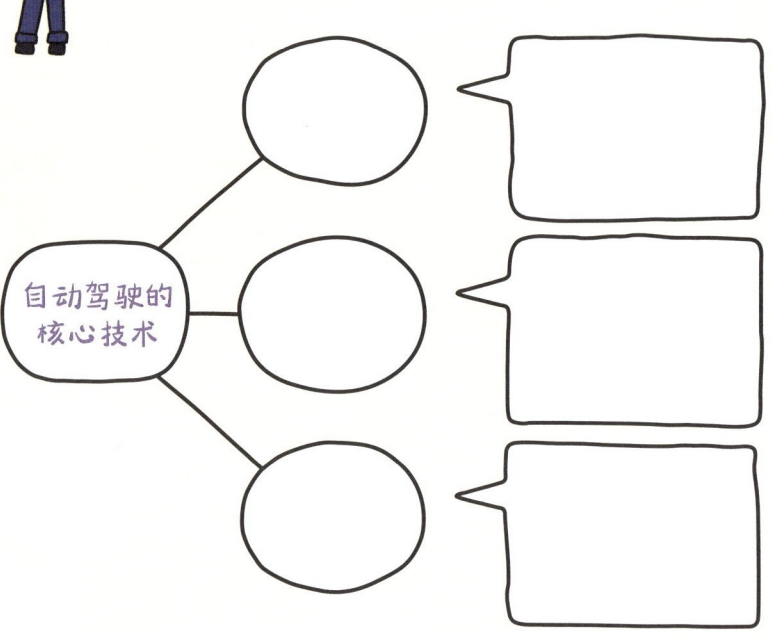

自动驾驶的核心技术

完全自动驾驶汽车，也就是可以随时随地自主行驶的5阶段自动驾驶汽车，能否被开发出来呢？

能 / 不能，因为……

如果世界上所有的人都乘坐自动智驶汽车出行，
这个世界将发生什么样的变化呢？想象一下这些变化吧。

如果所有人
都乘坐自动
驾驶汽车出行

图书在版编目（CIP）数据

超燃新科技．自动驾驶 / 大视野科普，易乐文著绘．
长沙：湖南少年儿童出版社，2025.5． -- ISBN 978-7
-5562-8190-9

Ⅰ．Z228.1；U463.61-49

中国国家版本馆 CIP 数据核字第 2025UN1940 号

超燃新科技·自动驾驶
CHAO RAN XIN KEJI · ZIDONG JIASHI

出 版 人：刘星保	总 策 划：胡隽宓　罗晓银
策划编辑：吴 蓓	责任编辑：罗晓银　李雨萍
文字创作：徐承佑　崔香淑	图画绘制：杰特梅麓
封面设计：FAJWN	内文排版：嘉伟文化
质量总监：阳 梅	营销编辑：罗钢军

出版发行：湖南少年儿童出版社

地　　址：湖南省长沙市晚报大道 89 号　　　邮　编：410016

电　　话：0731-82196320

常年法律顾问：湖南崇民律师事务所　　　柳成柱律师

印　　制：长沙新湘诚印刷有限公司

开　　本：889 mm × 1194 mm　1/32　　印　张：4.5　字　数：75 千字

版　　次：2025 年 5 月第 1 版　　　　　　印　次：2025 年 5 月第 1 次印刷

书　　号：ISBN 978-7-5562-8190-9

定　　价：25.00 元